गणित
शुरूआती गतिविधियाँ

मदनलाल यादव
भगवान सिंह

वाणी प्रकाशन

ISBN : 978-93-5000-664-1

वाणी प्रकाशन

21-ए, दरियागंज, नयी दिल्ली-110002
द्वारा प्रकाशित

फोन : 0091#11#23273167, 23275710
फैक्स : 0091#11#23275710
ई-मेल : vaniprakashan@gmail.com
vani_prakashan@yahoo.com
वेबसाइट : www.vaniprakashan.com

संस्करण : 2011 : 100.00

शुभम ऑफसेट, दिल्ली-110032
में मुद्रित

अनुक्रम

1. शुरुआती गतिविधियाँ

1.1 उंगली पर छड़ी को खड़ी करना

बच्चों द्वारा छड़ी को ऊंगली या हथेली पर संतुलित करते हुए खड़ी करवाना। यह प्रक्रिया बार-बार दोहरायें।

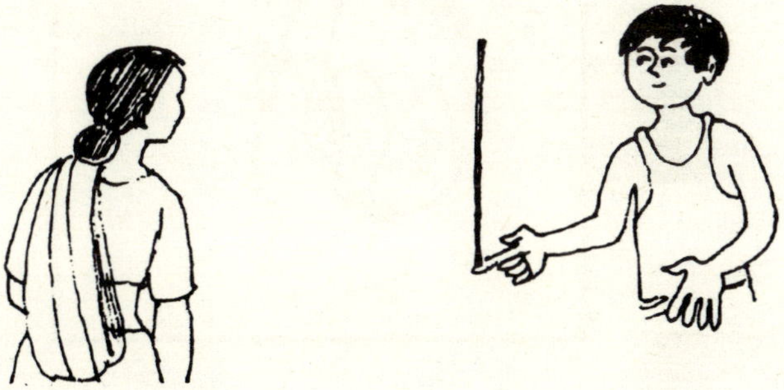

1.2 फिरकी घुमाना

बच्चे जमीन पर ऊंगली और अंगूठे से फिरकी को घुमाएं।

1.3 छल्ला घुमाना

अध्यापक बच्चों से चूड़ी या उसके समान कोई वस्तु या चाबी का छल्ला सभी ऊंगलियों में बारी-बारी से घुमवायें।

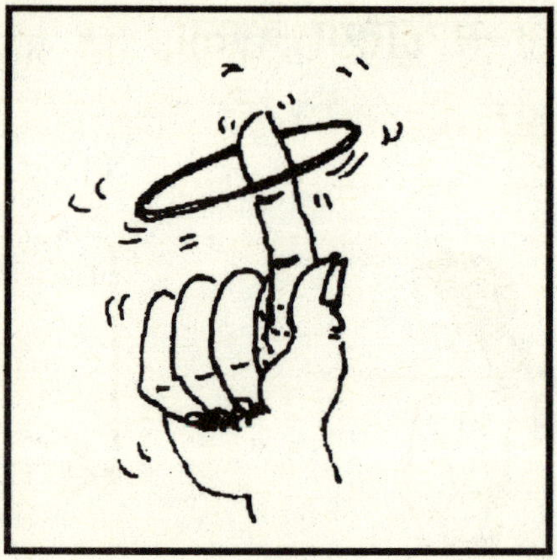

छल्ला या सिक्का या चूड़ी को ज़मीन पर रखकर ऊंगलियों की सहायता से घुमाना।

1.4 दी गई वस्तु पर हाथ चलाकर उस वस्तु का चित्र बनाना

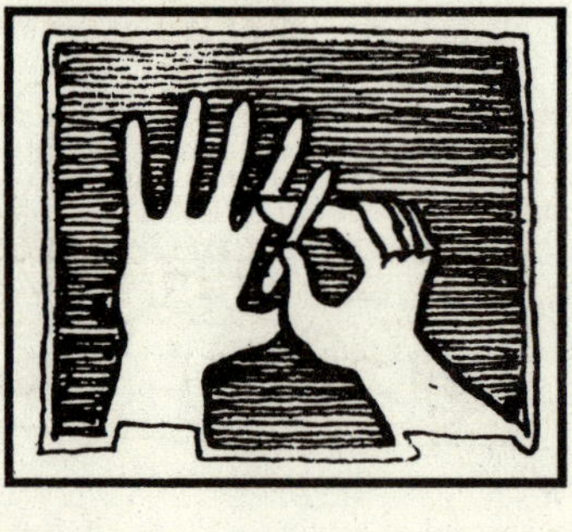

वस्तु के चारों तरफ हाथ चलाकर उसका चित्र बनाना।

जैसे : 1. सरल रेखा बनाना

2. टेढ़ी-मेढ़ी रेखा बनाना

3. हाथ का पंजा रखकर उसे बनाना

1.5 विभिन्न आकृतियां बनाना

बच्चों द्वारा बोर्ड/ज़मीन/स्लेट पर आकृतियां बनवाना।

उदाहरण-गोला/चौकोर/त्रिभुज आदि

शिक्षक कुछ आकृतियाँ बनाएं उसी प्रकार की

आकृतियाँ बच्चों से ज़मीन/बोर्ड/रेत स्लेट पर जल्दी-जल्दी बनाने को कहें।

1.6 छल्ले को तार के एक सिरे से दूसरे सिरे तक ले जाना

निर्देश-छल्ले का छेद तार को छुए नहीं संतुलन बनाये रखें।

शिक्षक बच्चों से बारी-बारी से तार में छल्ले को (बिना तार में छुए हुए) एक सिरे से दूसरे सिरे तक

ले जाने को कहें।

1.7 लकड़ी को धुरी मानकर धागे से गोला खींचना

बच्चों से ज़मीन पर एक लकड़ी गाड़ने को कहें। लकड़ी में रस्सी बांधकर गोल घेरा खींचने को कहें।

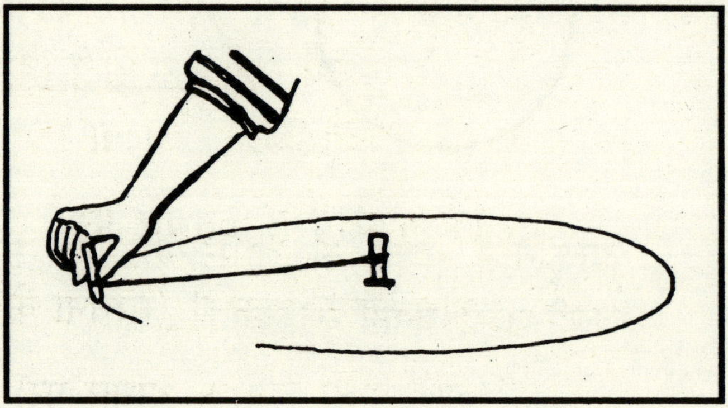

2. समानता के आधार पर वस्तुएं छांटना

शिक्षक बच्चों से कुछ चीजें इकट्ठी करने को कहें। जैसे-खाली शीशी, डिब्बे, टूटे खिलौने, माचिस को खाली डिब्बी, बल्ब, दंत मंजन के खाली डिब्बे आदि।

पर्याप्त सामग्री एकत्रित होने के बाद शिक्षक बच्चों को गोल घेरे में बैठाएं। घेरे के बीच में बच्चों द्वारा इकट्ठी की गई सामग्री रखें। फिर नीचे लिखी गतिविधियाँ कराएं।

2.1 समानता के आधार पर वस्तुएं छांटना

घरेलू अनुपयोगी वस्तुओं को एक ढेर में रखकर बच्चों से एक समान वस्तुओं को (गुण धर्म के आधार पर) छंटवाना।

उदाहरण-गोलाई/रंग/आकार/कांच/प्लास्टिक/लकड़ी से बड़ी व छोटी (बढ़ते क्रम तथा घटते क्रम) में छांटना

1. एक गुणधर्म के आधार पर

- गोल/चपटी/तिकोनी (संरचना के आधार पर)
- लाल/नीली (रंग के आधार पर)

– प्लास्टिक/कांच/–/तैरने वाली/डूबने वाली

2. दो गुणधर्म के आधार पर

– गोल लेकिन काँच की बनी/चपटी लेकिन लकड़ी की बनी।

– प्लास्टिक की एवं लाल/लकड़ी की लेकिन गोल।

– पारदर्शी लेकिन पानी में डूबने वाली।

2.2 सम्बन्धों के आधार पर वस्तुएं छांटना

– प्लास्टिक/कांच/–/तैरने वाली/डूबने वाली

गतिविधि–शिक्षक बच्चों को गोल घेरे में बैठाएं। घेरे के बीच में कुछ वस्तुएं रख दें। ताला, चाबी, दिया, माचिस, सींक, पौधे, पत्ते, जड़, कटोरी, चम्मच आदि। अब शिक्षक बच्चों से बारी-बारी से कोई एक चीज उठाने को कहें।

2.3 चित्रकार्ड से सम्बन्धित वस्तुओं का छांटना

उदाहरण 5 घर के चित्र से सम्बन्धित वस्तुयें–चूल्हा, खिड़की, दरवाज़ा आदि।

3. क्रम बनाना

शिक्षक अलग-अलग वस्तुओं को रखते हुए क्रम बनाएं फिर बच्चों से उसी क्रम के अनुसार आगे का क्रम वस्तुएं रखते हुए बनाने को कहें।

3.1 **अध्यापक द्वारा विभिन्न वस्तुओं को एक निश्चित क्रम में जमाना और आगे का क्रम बच्चों से पूछना:**

1. रंगों के आधार पर
2. छोटी बड़ी वस्तु
3. पत्तियों द्वारा
4. मिट्टी से विभिन्न आकृतियां बनवाकर
5. माचिस तीली से
6. बच्चों का क्रम बच्चों से पूछना आगे क्या होगा।

3.2 **शिक्षक, बोर्ड/जमीन पर अलग-अलग आकृतियाँ बनाते हुए लिखकर क्रम बनाये एवं बच्चों से अगला क्रम बनाने को कहें।**

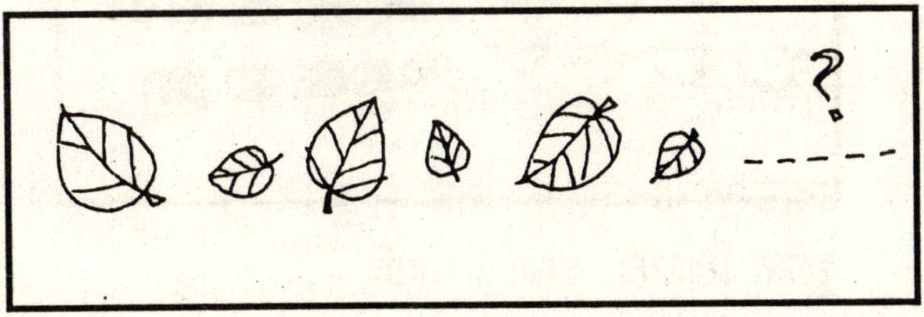

3.3 चीजों को बढ़ते एवं घटते क्रम में जमाना

आवश्यक सामग्री–

मिट्टी की चकती/लकड़ी के टुकड़े।

छोटे से बड़े क्रम में।

बड़े से छोटे क्रम में।

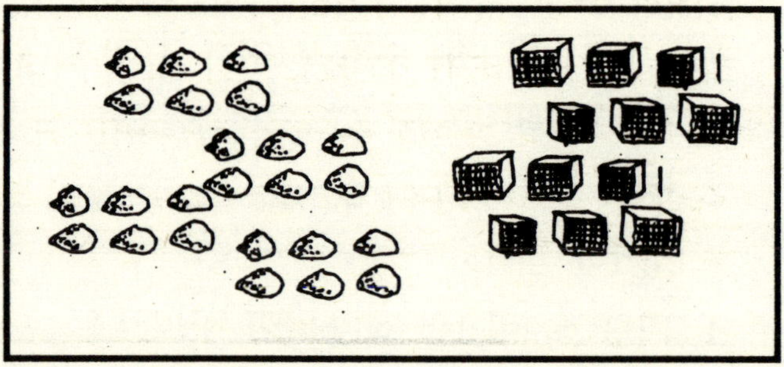

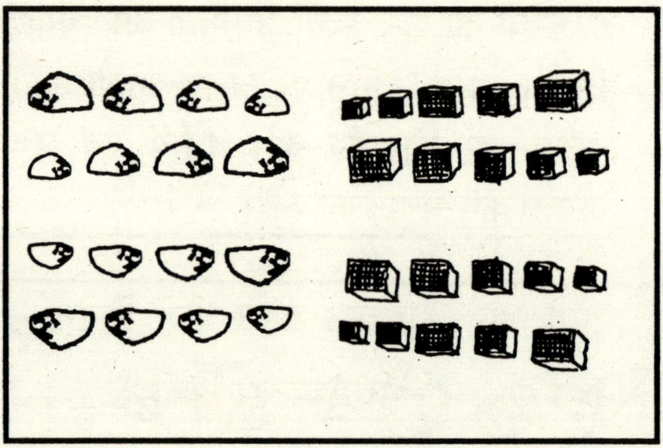

4. गिनना (वस्तु)

4.1 विभिन्न चीजें गिनवाना

उदाहरण —इमली के बीज/माचिस के डब्बे/तीली/पत्तियां आदि

शिक्षक बच्चों को घेरे में बैठाएं। घेरे के बीच में कुछ वस्तुएं (पत्थर, कनेर के फल, मिट्टी की गोलियां, बेर की गुठली आदि) रख दें। अब बारी-बारी से सभी बच्चों से वस्तुएँ गिनने को कहें। दूसरे बच्चे ध्यान से देखें।

4.2 घूमने जाते हुए कुछ खास चीजें गिनना

उदाहरण—पेड़-पौधे, जानवर आदि

शिक्षक बच्चों को घुमाने ले जाएँ। घूमने जाते समय शिक्षक बच्चों के अलग-अलग समूहों को किसी

पेड़-पौधे, जानवर आदि को गिनने को कहें जैसे–

– नीम का पेड़।

– लाल रंग की गायें। आदि

4.3 कदम गिनना

शिक्षक हर बच्चे से कुछ निश्चित कदम चलने को कहें।

चलते समय कदम गिनना कि कौन कितने कदम पर चला।

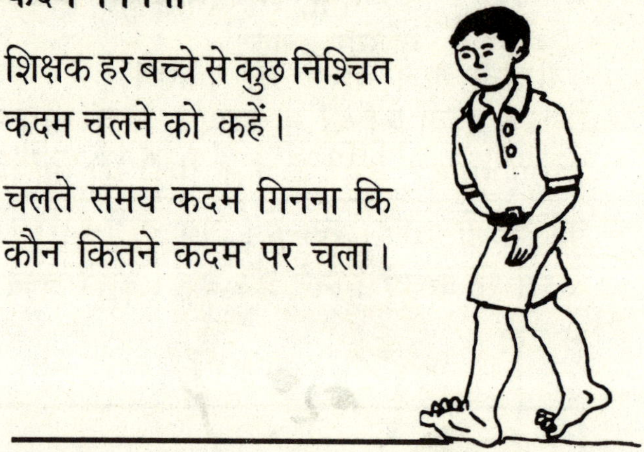

4.4 खेलते हुए गिनना

शिक्षक बच्चों को मैदान में खेल खिलाए और उनसे

कहें कि रस्सी कूदते/रन बनाते/गेंद के टप्पे लगाते/लंगड़ी आदि खेलते हुए गिने कि कौन कितनी बार गेंद उछालता/उचकता/चलता/रन बनाता है।

उदाहरण– रस्सी कूदते हुए गिनना, उछलते हुए गिनना, रन बनाते हुए गिनना

4.5 मैदानी खेल बोलो भई कितने

'बोलो भाई कितने-आप बोले जितने' नामक खेल में

गिनने का अभ्यास।

4.6 संख्या चित्र के कार्ड द्वारा

संख्या चित्र के कार्ड को संख्याओं के आधार पर बढ़ते एवं घटते क्रम में लगाना।

शिक्षक कुछ संख्या चित्र कार्ड बनाए। हर कार्ड में

अलग-अलग संख्या में चित्र बने हों। शिक्षक बच्चों

से कार्डों में चित्रों की संख्या को गिनते हुए इनको घटते-बढ़ते क्रम में लगवाए।

4.7 कमरे की वस्तुओं को गिनना

शिक्षक बच्चों से पूछे कि अपने आस-पास ऐसी

कौन-कौन सी चीज हैं जो संख्या में एक-दो-तीन-चार आदि हैं। बच्चे ढूँढ़कर बताएँ।

कमरे में रखी वस्तुओं को गिनना कौन कितनी है?

जैसे—एक घड़ी, दो खिड़की, 3 दरवाजे आदि।

4.8 माचिस की तीलियों को विभिन्न संख्याओं में गिनकर उनका गट्ठर बनाना।

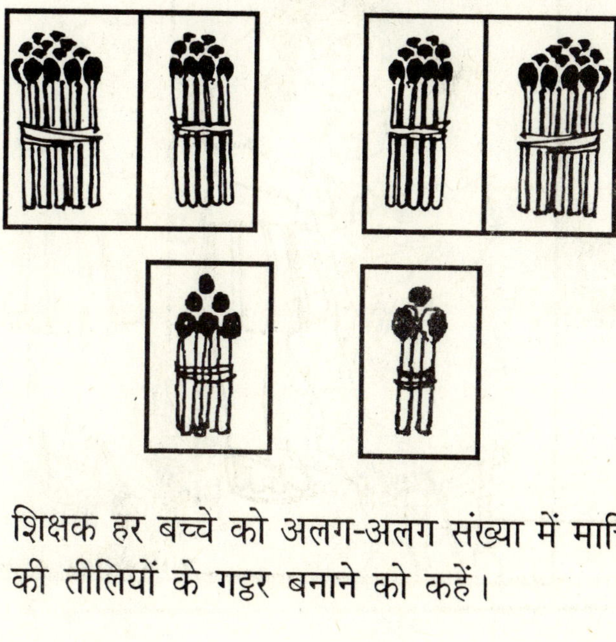

शिक्षक हर बच्चे को अलग-अलग संख्या में माचिस की तीलियों के गट्ठर बनाने को कहें।

4.9 शिक्षक बच्चों से निश्चित संख्या में पत्थर/पत्ती/लकड़ी आदि मंगाए। बच्चे बाहर जाकर उतनी ही संख्या में पत्थर/पत्ती/लकड़ी आदि लाएं और गिनकर बताएं।

शिक्षक अलग-अलग कार्डों पर अलग-अलग संख्यांक लिखकर 'संख्यांक कार्ड' बनाएं।

इसी प्रकार अलग-अलग कार्ड में अलग-अलग संख्या में चित्र बनाएं। चित्र आस-पास पाई जाने वाली चीज़ों के हों।

5. संख्यांक पहचानना (संख्या अंक कार्ड बनाये)

आवश्यक सामग्री : संख्या अंक कार्ड, संख्या चित्र कार्ड, संख्यांक स्केल, अंक-चित्र चकती, अन्य ठोस वस्तुएँ।

5.1 संख्या कार्ड एवं वस्तु को मिलाना

(संख्या कार्ड एवं उतनी ही वस्तु से जोड़ी बनाना)

गतिविधि1—शिक्षक अलग-अलग संख्या में वस्तुएं रख दें। बच्चे से वस्तुओं को गिनकर उसका संख्यांक कार्ड ढूँढ़ने को कहें।

गतिविधि 2—शिक्षक बच्चों को संख्यांक कार्ड दिखाते हुए उतनी संख्या के ढेर में रखी वस्तुओं को ढूँढ़ने को कहें।

गतिविधि 3—शिक्षक बच्चों को कोई संख्यांक कार्ड उठाने को कहे फिर बच्चे ढेर में रखी वस्तुओं में से उतनी ही वस्तुएं गिनकर निकालें।

5.2 संख्या कार्ड द्वारा संख्या चित्र कार्ड का मिलान।

अंक कार्ड के सामने या नीचे उतनी संख्या वाले

वस्तु के चित्र कार्ड को रखना।

गतिविधि –शिक्षक संख्यांक कार्ड और संख्या चित्र कार्ड को जमीन पर फैला दे। अब बच्चे से किसी भी एक संख्यांक कार्ड के नीचे उतने ही चित्रवाले संख्या चित्र कार्ड को रखने को कहें जितना कि संख्यांक कार्ड पर लिखा हो।

गतिविधि –शिक्षक बच्चों से संख्याचित्र कार्ड में बनी चित्रों की संख्या को गिनकर उतनी संख्या का संख्यांक कार्ड रखें।

5.3 अंक साथी ढूंढ़ना

गतिविधि–शिक्षक बच्चों को अंक कार्ड दे (एक अंक के कई कार्ड हो सकते हैं)। बच्चे अपने अंक के

समान अंक वाले, दूसरे बच्चों के साथ अपना एक समूह बनाये।

5.4 शिक्षक द्वारा दिखाये गये संख्या कार्ड से बच्चों द्वारा अपने कार्ड की संख्या का मिलान करना।

शिक्षक सभी बच्चों को एक-एक संख्या चित्रकार्ड दे

दे। अब शिक्षक बारी-बारी से संख्यांक कार्ड दिखाए। जिस बच्चे के पास उतनी संख्यावाला चित्र कार्ड हो वो बच्चा संख्यांक कार्ड ले ले।

5.5 संख्या लाइन बनाना

शिक्षक सभी बच्चों को एक-एक संख्यांक कार्ड दे दें। फिर बच्चों से 1-2-3.......के क्रम में अपना

स्थान ढूँढ़कर खड़ा होने को कहें।

5.6 संख्या कार्ड के अनुसार वस्तुएं मंगवाना/छंटवाना

संख्या कार्ड में दर्शायी गई संख्या के अनुसार बच्चों से विभिन्न वस्तुएं मंगवाकर उन्हें अलग-अलग समूहों में रखें।

5.7 (अ) संख्यांक स्केल

बच्चों को अंक देना और कहना कि स्केल पर माचिस सरकाकर अंक दर्शाओ।

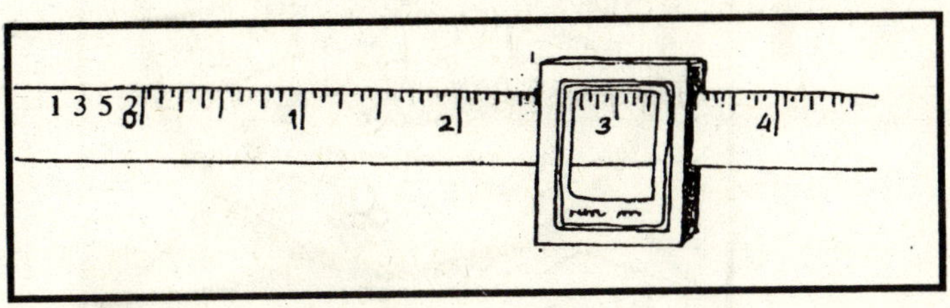

शिक्षक बच्चों से किसी अंक को ढूँढ़ने को कहें। बच्चे अंक स्केल में माचिस को सरकार उस अंक पर रखें जहाँ वह अंक लिखा है।

(ब) वृत्त चकती

दो चकती वाला खिलौना जिसमें एक चकती पर अंक लिखे हों और दूसरी चकती पर चित्र बने हों। चकतियों बच्चों को देकर यह समझाया जाये कि जितना अंक बोला जाये उतने चित्र चकती पर घुमाकर लाए। बोले गये अंक के सामने लाना। दूसरी तरफ जितनी चित्र संख्या बोली जाय उतने चित्रों को चकती घुमाकर सम्बन्धित अंक के सामने लाना।

शिक्षक बच्चों को चकती से किसी अंक को चित्र से या चित्र से अंक को मिलाने को कहें। बच्चे चकती घुमाते हुए अंक व चित्र को आमने-सामने लाएं।

6. स्थान बोध

आवश्यक सामग्री : विभिन्न ठोस वस्तुएं

6.1 एक लाईन में विभिन्न वस्तुओं को रख देना फिर बच्चों से पूछें कि कौन से स्थान पर रखी हुई हैं।

उदाहरण—1. चौथे स्थान पर क्या रखा है?

2. दिया किस स्थान पर है?

6.2 कुछ बच्चों को एक लाईन में खड़ा करें। बच्चों से ये पूछें कि कौन सा बच्चा किस स्थान पर खड़ा है।

उदाहरण–

प्रश्न रामू किस स्थान पर खड़ा है?

उत्तर रामू दूसरे स्थान पर खड़ा है।

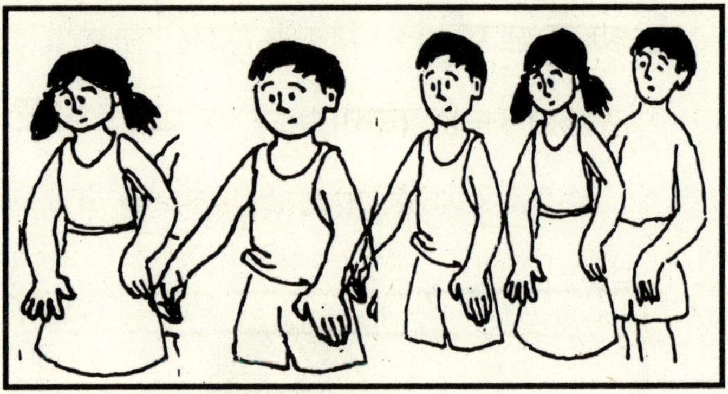

6.3 आस-पास की वस्तुओं से स्थान बोध कराना

शिक्षक बच्चों को शाला के आस-पास घुमाने ले जाएं। फिर बच्चों से पूछे कि यहां से (किसी जगह, पेड़, खंभा को केन्द्र बनाकर) नीम का पेड़/खंभा/घर/किस स्थान पर है। बच्चे सभी चीजों को पास जाकर गिने फिर बताए।

प्रश्न यहाँ से नीम का पेड़ किस स्थान पर है?

प्रश्न इस घर से हरिराम का घर कितने घरों के बाद है?

प्रश्न माया के घर से लच्छू का घर किस स्थान पर है?

7. अंकों को लिखना (1 से 9 तक)

आवश्यक सामग्री : सुतली, माचिस की तीलियाँ, टूटी चूड़ियां, संख्यांक कार्ड

7.1 सुतली से अंक बनाना :

बच्चों को कुछ सुतलियां दे दें। बोर्ड पर बड़े आकार में संख्या अंक लिखें। इन संख्याओं को देखकर

बच्चे सुतली द्वारा अंक बनायें।

गतिविधि —शिक्षक बोर्ड पर अंक लिखें या प्रत्येक बच्चे को एक-एक संख्यांक कार्ड दे दे। बच्चे अंक को देखकर उसी के समान आकृति ज़मीन पर टूटी चूड़ियों, सीकों एवं सुतली को रखते हुए बनाएं।

7.2 माचिस की तीलियों से अंक बनाना

बच्चों को कुछ माचिस की तीलियां दें। बोर्ड पर लिखे अंक को देखकर तीलियों से अंक बनाना।

गतिविधि —शिक्षक शाला में फट्टी (बोरे की) डिस्प्ले बोर्ड बनाए। बच्चे गोखरू को डिस्प्लेबोर्ड पर चिपका कर अंक लिखें।

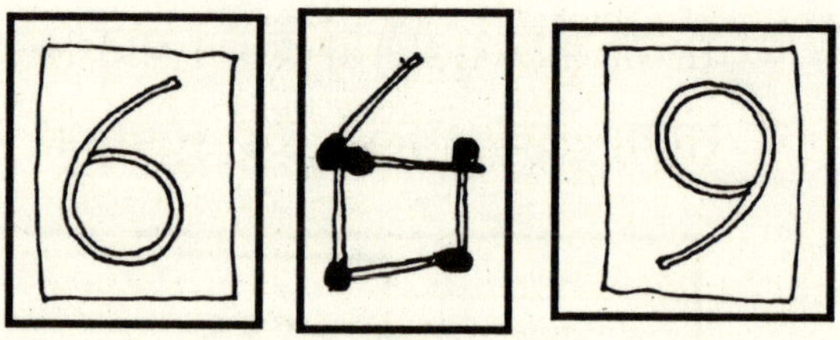

7.3 चूड़ी से विभिन्न आकृतियां बनाना

शिक्षक द्वारा बनाई गई आकृति को देखकर बच्चे टूटी-फूटी चूड़ियों को रखकर उसी तरह की आकृति बनाने का कहें।

7.4 संख्या कार्ड को देखकर अंक लिखना

शिक्षक संख्या कार्ड दिखाकर या संख्यांक बोलकर बच्चों को बोर्ड या स्लेट पर लिखने को कहें।

8. जोड़ना

सामग्री—कंचे, पत्थर, इमली के बीज, ठोस वस्तुएं, चित्र कार्ड, अंक कोर्ड।

8.1 **बच्चों को हर बार कुछ अलग-अलग चीजें देते हुए पूछें कि उसके पास कितनी चीजें हो गई।**

गतिविधि—बच्चे को कुछ वस्तुएं दें। बाद में कुछ और वस्तुएं दें। फिर बच्चे से पूछें कि उसके पास

पहले कितनी वस्तुएं थी बाद में और कितनी वस्तुएं उसे मिलीं। दोनों बार मिली वस्तुओं को गिनकर बताओ कि कुल तुम्हारे पास कितनी वस्तुएं हैं।

8.2 शिक्षक हर बच्चे को अलग-अलग संख्या में वस्तुएं ढेर में से या बाहर जाकर लाने को कहें। अब किन्हीं

दो बच्चों द्वारा लाई चीज़ों को आपस में मिलाने को कहें। फिर बच्चों से गिनकर बताने को कहें कि कुल कितनी चीज़ें हैं।

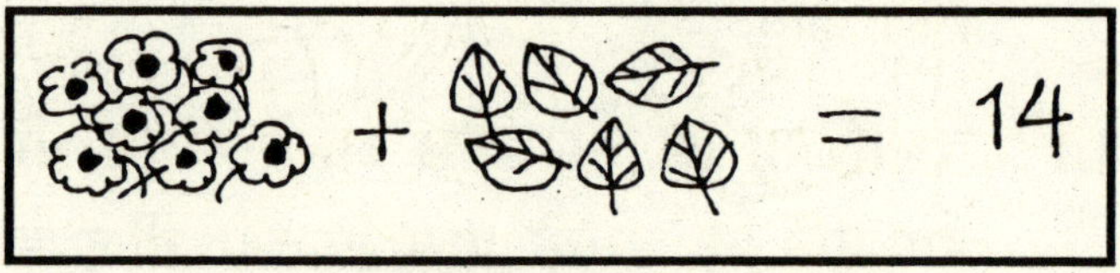

8.3 चित्र कार्ड से जोड़ना

वस्तुओं से जोड़ना बताने के बाद बच्चों को कुछ चित्र कार्ड दें। बच्चे दो चित्र कार्ड की वस्तुओं को जोड़कर उतने ही वस्तु का चित्र कार्ड ढूंढें।

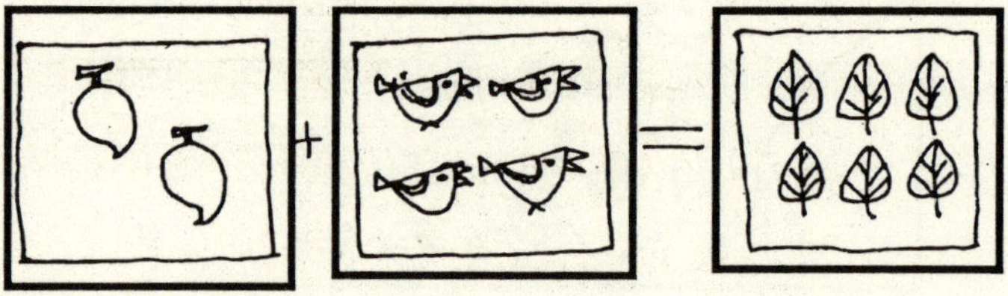

8.4 विषय कहानी के आधार पर तोड़ना

शिक्षक बच्चों को काल्पनिक कहानियां सुनाएं। कहानियां गणितीय क्रियाओं से संबंधित हो। कहानी में आई वस्तुओं के लिए—पत्थर, पत्ती, बीज आदि प्रतीक के रूप में लें।

(वस्तु एवं चित्र कार्ड की सहायता लें)

मोहन रास्ते से जा रहा था उसे दो आम मिले। कुछ दूर चलने के बाद उसे 3 आम और मिले अब

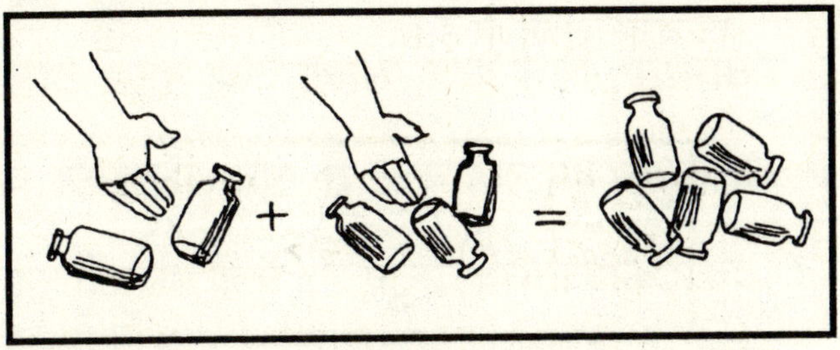

बताओ मोहन के पास कितने आम हो गये।

उदाहरण—दो आम के लिये—दो पत्थर उठा लें।

8.4 "+" चिन्ह की पहचान करवाना

उपरोक्त खेल के द्वारा बच्चें जब 'जोड़ना' इसका अर्थ समझ जायें तो '+' चिन्ह की पहचान शिक्षक करायें। '+' चिन्ह की पहचान आपसी बातचीत द्वारा कुछ उदाहरण देते हुये करें।

9. अंक लिखकर जोड़ना

सामग्री–चित्र कार्ड, संख्या अंक कार्ड, ठोस वस्तु।

9.1 वस्तुओं की सहायता से अंक लिखकर जोड़ना

बच्चों को विभिन्न वस्तुएं दें। बच्चे वस्तुओं को रखकर वस्तुओं के बराबर अंक लिखकर उन्हें आपस में जोड़ें।

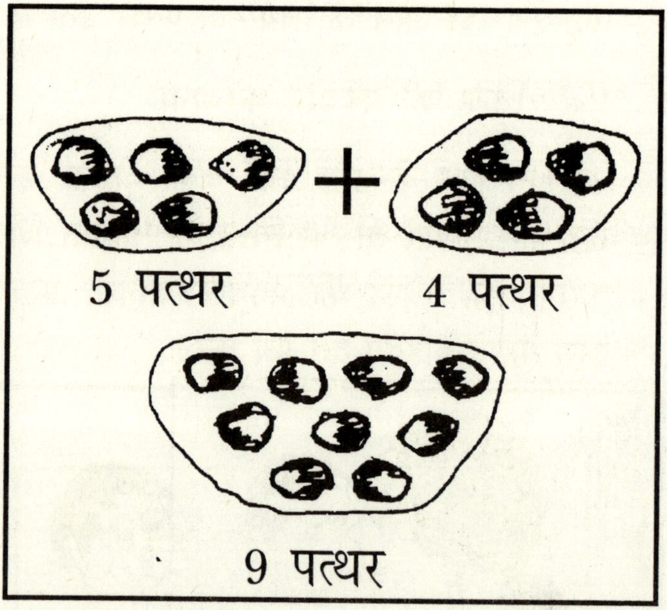

शिक्षक बच्चों को अलग-अलग वस्तुएं (ढेर में/पैकेट में आदि) रखें। बच्चे वस्तुएँ गिनकर उसके सामने

उतने ही अंक लिखें। अब वस्तुओं को मिला दें फिर उनको गिनें। कुल वस्तुओं की संख्या को पहले लिखें अंकों के नीचे लिखें।

9.2 अंकों को वस्तुओं की सहायता से जोड़ना

कोई दो अंक लिखकर उन्हें उतने ही वस्तुओं की सहायता से जोड़ने के लिये बच्चों से कहें।

शिक्षक बोर्ड/स्लेट पर संख्यांक लिखकर जोड़ के सवाल दें। बच्चे संख्यांक के अनुसार दो ढेर में वस्तुएं रखें फिर उनको मिलाकर गिनें।

10. घटाना

10.1 जोड़ की प्रक्रिया के दौरान घटाना भी सिखाएं।

आवश्यक सामग्री : विभिन्न ठोस वस्तुएं, संख्या एवं चित्र कार्ड

10.2 बच्चों को विभिन्न वस्तुएं दें। दी हुई चीजों में से कुछ कम करते हुए पूछें कि अब उसके पास कितनी चीज़ें बचीं।

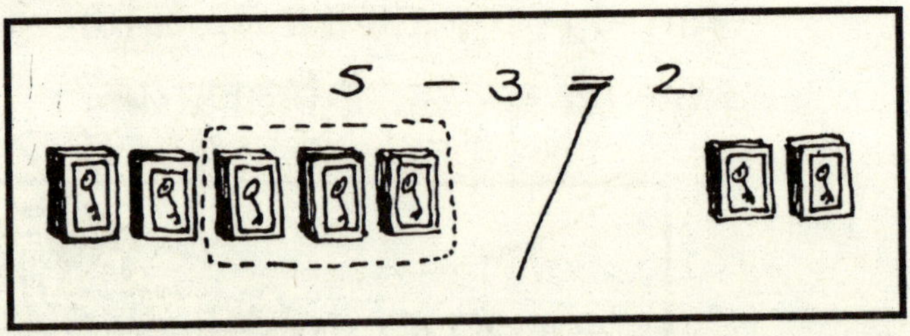

10.3 शिक्षक बच्चों से एक निश्चित संख्या में वस्तुएँ गिनकर रखने को कहें। अब, बच्चों से उस ढेर में से कुछ वस्तुएँ निकालने को कहें। अब बच्चों से पूछे

कि वस्तुएँ कम करने के बाद उसमें कितनी वस्तुएँ बचीं।

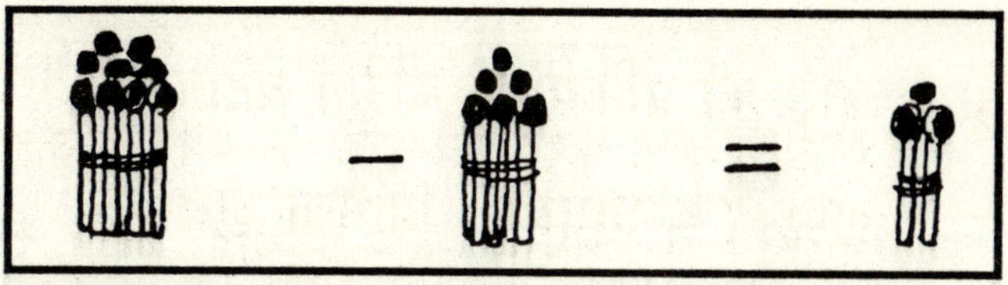

10.4 कहानी के आधार पर

शिक्षक बच्चों को काल्पनिक कहानी सुनाएँ। कहानी गणितीय क्रियाओं से संबंधित हों। कहानी में आई वस्तुओं के पत्ती/पत्थर/लकड़ी आदि प्रतीक के रूप में उपयोग करें।

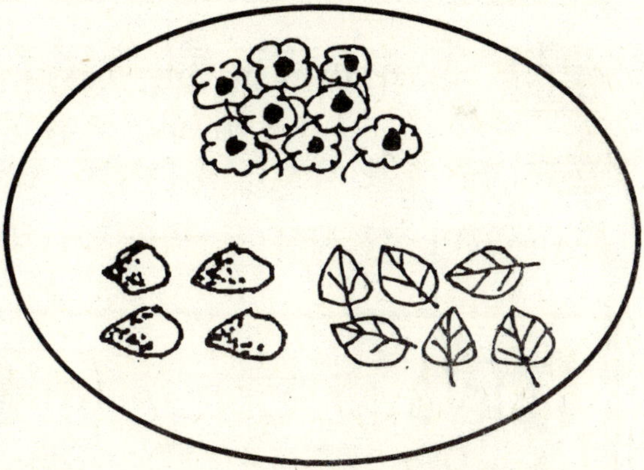

उदाहरण–अजय के पास 5 अमरूद हैं 2 अमरूद अनु को दे दिये अब बताओ अजय के पास कितने अमरुद बचे।

(इस आधार पर कहानी बनाई जाये)

10.5 "–" चिन्ह की पहचान कराना

उपरोक्त अभ्यासों द्वारा घटाने की प्रक्रिया धीरे-धीरे जब बच्चों को समझ आने लगे तब शिक्षक बच्चों से आपसी चर्चा करते हुये उन्हें "–" चिन्ह की पहचान कराएं। ये आपसी जान पहचान, अन्य खेलों या उदाहरण द्वारा करायें।

10.6 वस्तुओं की सहायता से अंक लिखकर घटाना

बच्चों को कुछ वस्तुएं दें। बच्चे वस्तुओं का अलग-अलग ढेर बना लें फिर उन वस्तुओं की

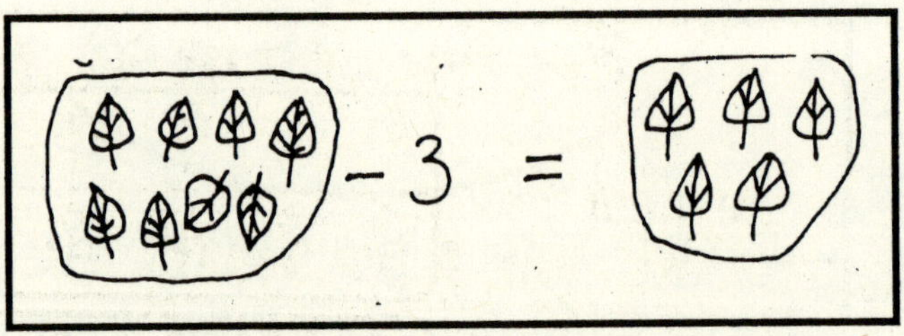

बराबर संख्या लिखकर उन्हें आपस में घटायें।

शिक्षक बच्चों को कुछ वस्तुएँ दें। बच्चे वस्तुएँ

गिनकर उसके सामने संख्यांक लिखें। अब शिक्षक बच्चों से कुछ वस्तुएँ कम करने को कहे। जितनी वस्तु कम करनी है बच्चे उसको पहले लिखे अंक के नीचे लिखें। अब वस्तुएँ कम कर बची हुई संख्या को पहले लिखे हुए अंकों के नीचे लिखें।

10.7 अंकों को वस्तुओं की सहायता से घटाना

शिक्षक बच्चों को लिखकर सवाल दें। बच्चे वस्तुओं की सहायता से सवाल हल करें।

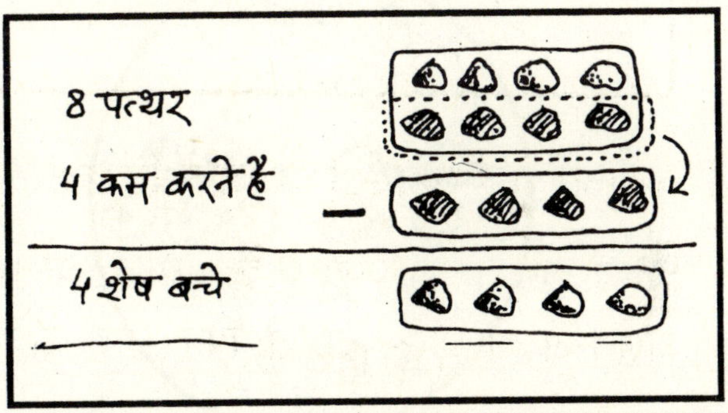

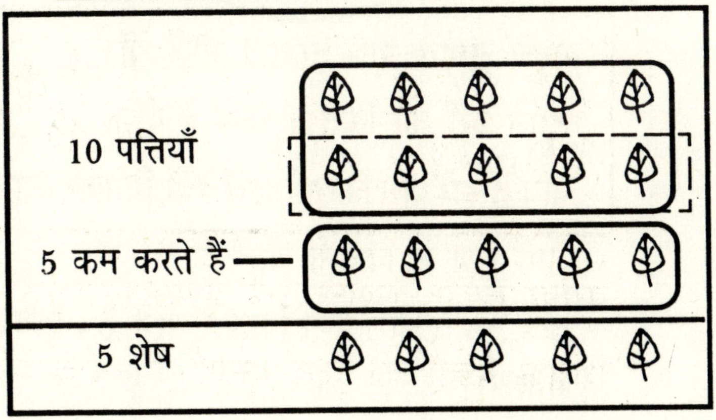

11. जोड़ना-घटाना (मिली-जुली गतिविधि)

11.1 एक बच्चे को कुछ चीजें देना फिर उस बच्चे से कहना कि अपने पास वाले बच्चों को उसमें से कुछ चीजें दे दो।

शिक्षक बच्चों को अलग-अलग संख्या में वस्तुएँ दें। अब एक बच्चे से (गिनते हुए) कुछ वस्तुएँ दूसरे बच्चे को देने को कहें। फिर बच्चों से बातचीत करें–

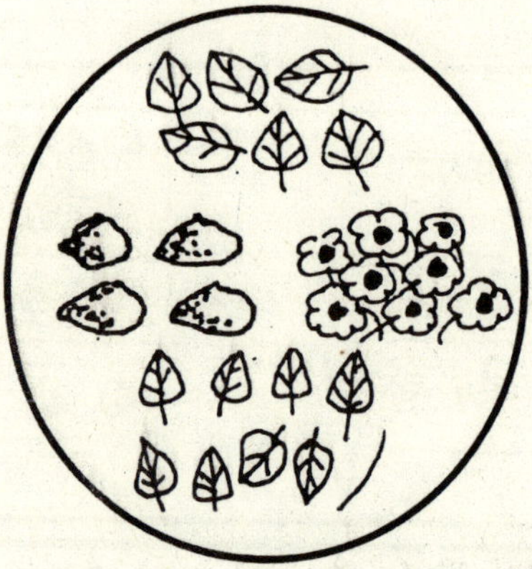

– पहले तुम्हारे पास कितनी चीजें थीं?

– तुमने हरी को कितनी चीजें दे दीं?

– अब तुम्हारे पास कितनी चीजें बची, गिनकर बताओ?

– तुम्हें राजू ने कितनी चीजें दी।

– अब तुम्हारे पास कुल कितनी चीजें हैं। गिनकर बताओ?

11.2 दो बच्चों के बीच में असमान संख्या में दी गई चीजों को बराबर करना।

शिक्षक सम संख्या में अलग-अलग मात्रा में वस्तुएँ बच्चों को दें। अब दो बच्चों से आपस में एक दूसरे को वस्तुएँ देकर एवं लेकर बराबर करें। शिक्षक बच्चों से पूछे कि–

– हरी से तुमने कितनी वस्तुएँ ली?

– राजू को तुमने कितनी वस्तुएँ दी?

– अब तुम्हारे पास कितनी वस्तुएँ है?

12. इकाई दहाई की अवधारणा

सामग्री–सीक, पत्थर, कंचे, माचिस की तीली, गुठली, लकड़ी बीज, चूड़ी आदि। 1, 10 और 100 के नोटों की फोटो कॉपी।

12.1 तैयारियां

वस्तुओं में से दस-दस चीजों का एक गट्ठर/थैले बनाए।

ई., द. की अवधारणा समझाने के लिए शिक्षक

बच्चों से 'दस-दस' तीलियों को गिनकर बांधने को या पत्थर को दस-दस की संख्या में थैले में रखने को कहें। इस प्रकार बच्चों को बताएं कि एक दहाई में 10 पत्थर/लकड़ी आदि होते हैं।

12.2 1,10 एवं 100 रु. के नोट की फोटो कॉपी करवायें।

शिक्षक 1 रु., 10 रु., एवं 100 रु. के नोटों की

फोटो कॉपी करवाएं। 1 रु. इकाई, 10 रु. दहाई एवं 100 रु. के नोट को सैकड़ा के रूप में उपयोग

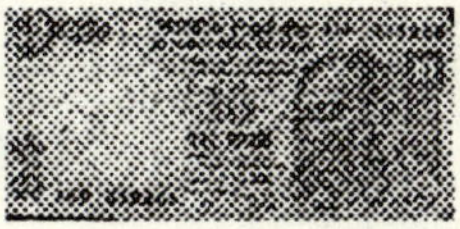
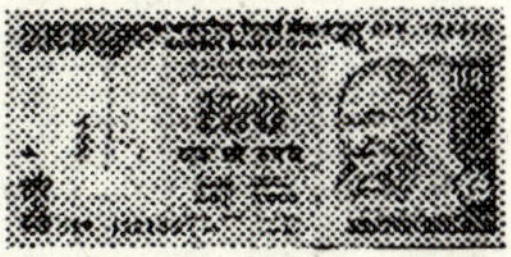

करें। शिक्षक 10 रु. का नोट बच्चे को देकर दूसरे बच्चे से उसके फुटकर (1-1 के नोटों में) कराने को कहें। इसी प्रकार 100 रु. के नोट में 10 रु. के एवं 1 रु. के नोट में फुटकर कराने को कहें।

12.3 संख्या देकर (दहाई की) उसके गट्ठर बनवायें जो इकाई और दहाई में बंटे हुए हों। शिक्षक को सींको/थैलियों (ई. द. सै. की) की सहायता से इकाई, दहाई के रूप में रखने को कहें। जैसे–15 चीजें रखो।

1 इकाई 5 दहाई

12.4 गट्ठर एवं खुली वस्तुएं देकर इकाई एवं दहाई अंकों से संख्या लिखवाना।

शिक्षक वस्तुओं को इकाई दहाई के रूप में रख दें। फिर बच्चों से उसे गिनकर संख्या बताने को कहें। बच्चों से यह भी पूछें कि इसमें कितनी इकाई व कितनी दहाई है?

सावधानी– इकाई का अंक पहले लिखवायें। 12. 4 के अनुसार दो तीली पहले बची, तो पहले 2 लिखवाये फिर दहाई का एक गट्ठर पूरा है तो गट्ठर की संख्या 2 के बाद बाई तरफ लिखें।

12.5 नोट

(12.3 के अनुसार अभ्यास नोटों द्वारा करवाएं।)

12.6 (अ) हासिल वाले जोड़

शिक्षक बच्चों से बोली गई संख्या को इकाई-दहाई के रूप में रखने को कहे। इस प्रकार दो संख्या क्रम से ऊपर नीचे रखें। अब बच्चे दोनों संख्याओं में

इकाइयों को मिला दें। फिर गिने यदि इकाइयों को मिलाने पर दहाई बनती है तो उसकी थैली या गट्ठर बना लें। जो गट्ठर हमें इकाईयों को जोड़ने से मिलता है उसे दहाई के गट्ठरों में मिला दें। अब सभी दहाइयों को मिला लें।

उपरोक्त दी गई संख्या को वस्तुओं द्वारा व्यक्त करें। व्यक्त की गई वस्तु में इकाई के अंकों को जोड़ने पर जो दहाई अंक मिलता है उसे दहाई के अंक के साथ जोड़ दिया जाता है और बचे इकाई के अंक को इकाई के स्थान पर तथा दहाई के अंक को दहाई के स्थान पर लिख देते हैं?

(ब) उधार लेकर घटाना

शिक्षक बच्चों से कोई संख्या बोलें। बच्चे उसे

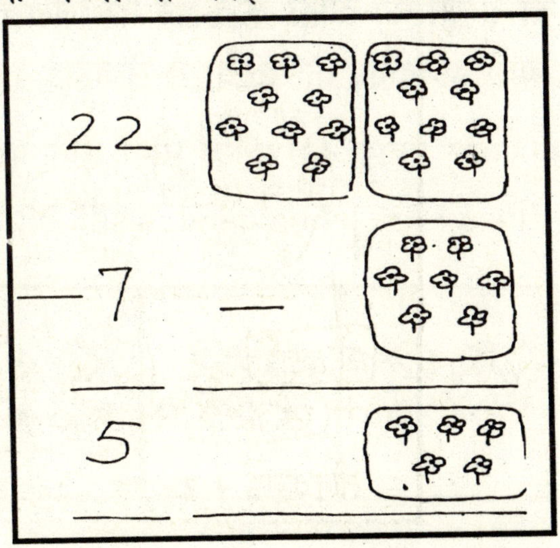

इकाई-दहाई के रूप में वस्तुओं रखकर बनाएं। अब शिक्षक इकाई में से किसी (पहले रखी संख्या से बड़ी) संख्या को कम करने को कहें। इकाई की संख्या में वस्तुएँ कम होने पर दहाई की संख्या से एक दहाई उधार लें। उधार ली गई दहाई के बंडल को खोलकर इकाई में बदल लें। अब जितनी संख्या कम करना है उसे गिनते हुए कम कर दें। बाकी संख्या (इकाई व दहाई) को गिन लें।

उपरोक्त दी गई संख्या को वस्तुओं द्वारा व्यक्त करें व्यक्त की गई वस्तु में इकाई की संख्या जिससे घटाना कम है। जिस संख्या को घटाना है वह बड़ी है। इसलिए दहाई की संख्या में से एक दहाई उधार लेते हैं। अब इकाई के संख्या में दहाई की संख्या मिलाकर कम करते हैं। बची हुई वस्तु की संख्या को इकाई के स्थान पर लिख देते हैं। इसी प्रकार बची हुई दहाई की संख्या में से दहाई कम करते हैं।

* इसी प्रकार दहाई की संख्या छोटी होने पर सैकड़ा से उधार लेते हैं। इस प्रकार प्रक्रिया चलती रहती है।

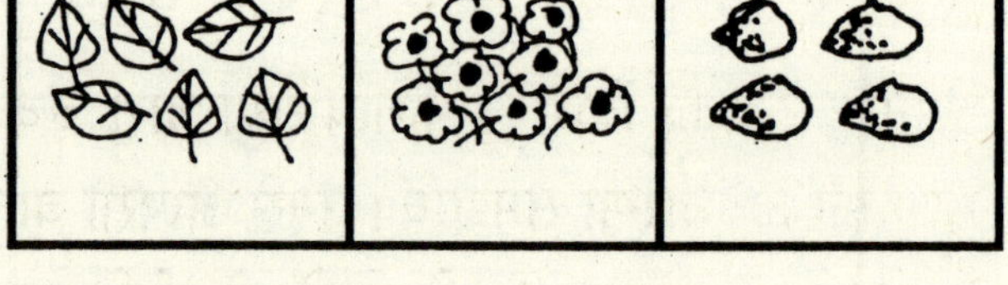

13. गुणा की अवधारणा

आवश्यक सामग्री—विभिन्न ठोस वस्तुएं पत्थर/पत्ती/गुठली/लकड़ी/गोखरु/ढक्कन

गुणा की अवधारणा को समझने के लिए पहले गुना, किसी वस्तु का एक, दो व तीन गुना करना बताएं।

(अ) दी गई वस्तु का दुगुना करना

बच्चों को कुछ वस्तुएं दें। बच्चे वस्तुओं में और उतनी ही वस्तुएँ मिलाकर उन्हें दुगना करें।

– दुगुना 

– तीन गुना 

– चौ गुना 

इसी तरह से अन्य गतिविधियां करते हुए तीन गुना एवं चार गुना समझाएं।

13.1 गुणा के चिन्ह की पहचान (चर्चा द्वारा)

दुगना करने की विभिन्न गतिविधियों द्वारा बच्चे को गुणा की अवधारणा समझायें। उनसे आपसी बातचीत करते हुये गुणा चिन्ह 'X' से बच्चों को परिचित करायें।

(ब) गुना करके पहाड़ा बनाना

शिक्षक उसी एक संख्या को 10 गुना तक करने को बच्चे से कहें। बच्चे वस्तुएँ रखते हुए चीज़ों को क्रमशः 1-2-3-4....... गुना के रूप में रखें और उसके सामने उसका संख्यांक लिखते जाएं।

उदाहरण–

1 गुना

2 गुना

3 गुना

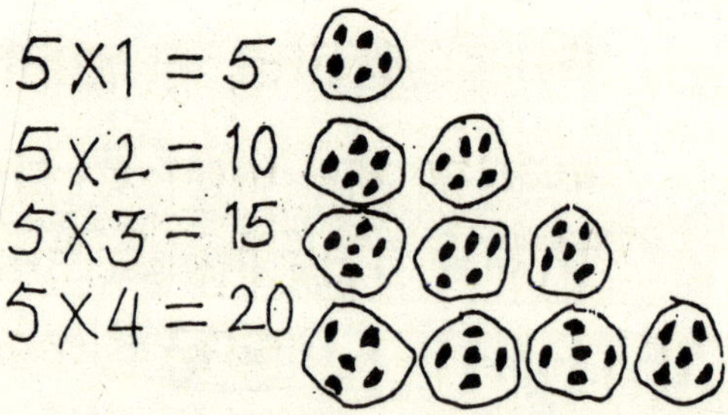

13.2 अंकों और चीजों की सहायता से गुणा करना

(चीजें सहायक सामग्री हो)

(अ) शिक्षक बच्चों को लिखकर गुणा करने को दें। बच्चे वस्तुओं को उतनी (गुना बार) रखें। फिर वस्तुओं को जोड़कर संख्या लिखें।

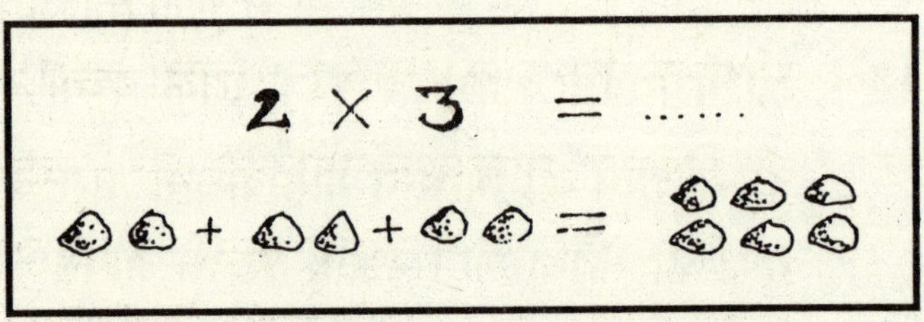

(ब) बड़ी संख्याओं को गुना करने के लिए पहले इकाई की संख्या को उतनी बार वस्तुएँ रखकर गुना करें फिर उनको जोड़ें। जोड़ने से प्राप्त इकाई को दहाई की संख्या में शामिल कर दें। इसके बाद दहाई की संख्या का बण्डल रखकर गुना करें। फिर कुल दहाइयों में इकाई को गुना करने से मिली दहाई को जोड़ दें।

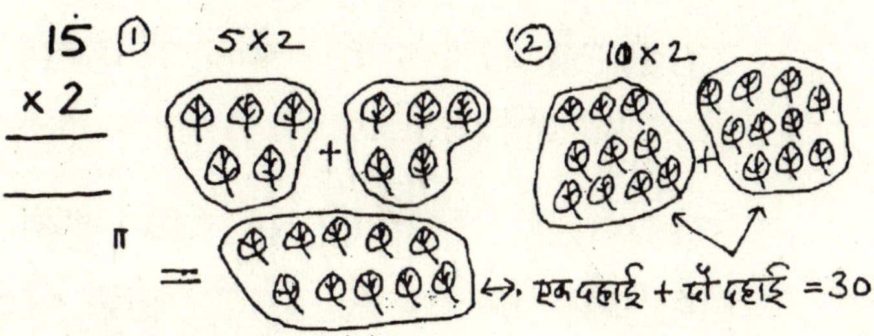

13.3 अंकों को गुणा

उदाहरण–

अभ्यास संख्या 13.2 को बार-बार करवाने के बाद बच्चों से अंकों को अंकों के माध्यम से गुणा करने को दें।

जब बच्चे वस्तुओं के माध्यम से गुणा की अवधारणा को भलीभांति समझ लें तब शिक्षक बच्चों से अंकों को लिखकर गुणा करवाएं।

$$\frac{8 \times 4}{32} \qquad \frac{13 \times 7}{91}$$

14. भाग

सामग्री—लकड़ी, रस्सी, पत्थर, पत्तियां, बीज, तीलियां, कागज आदि।

14.1 किसी भी वस्तु को बराबर भागों में बांटना

शिक्षक बच्चों को कुछ वस्तुएँ (सम संख्या में) दें। उन वस्तुओं को 2-3 या 4 बच्चों में बराबर-बराबर बाँटने को कहें।

उदाहरण—(1) रानी को 10 पत्थर देकर उससे माया और कमलेश को बराबर पत्थर बाँटने को कहें।

(2) किसी लकड़ी का 3 बराबर भागों में बांटना

गतिविधि—शिक्षक बच्चों को 8 चीजें (या कोई अन्य सम संख्या) दें। अब उनसे कहें कि इनमें से दो-दो चीजें लाइन में बैठे बच्चों को दें। वह वो वस्तुएं कितने बच्चों को बाँट पायेगा बताए?

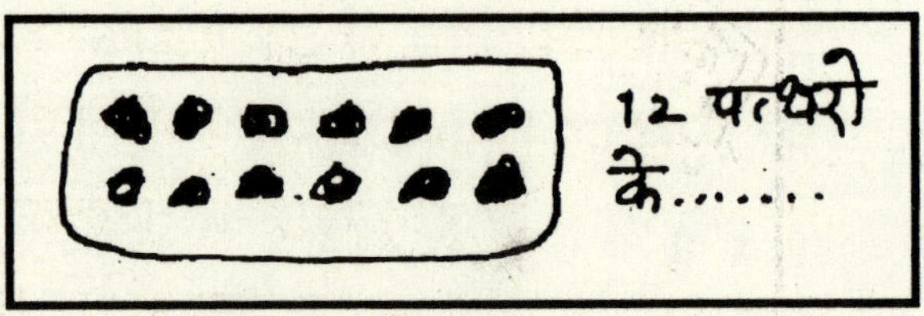

स्लेट पर-बोर्ड पर-कागज पर अन्य प्रयोग

दो भाग

(प्रत्येक भाग में 6 पत्थर)

तीन भाग

(प्रत्येक भाग में 4 पत्थर)

चार भाग

(प्रत्येक भाग **से** 3 पत्थर)

14.2 "भाग" के चिन्ह की पहचान

उपरोक्त गतिविधियां बच्चों से करवाने के बाद उन पर बच्चों से बातचीत करें। विभिन्न उदाहरणों के द्वारा बच्चों को " " भाग चिन्ह की पहचान करायें।

14.3 अंकों और चीजों की सहायता से भाग करना

शिक्षक बच्चों को अंक लिखकर दें। बच्चे वस्तुओं की सहायता से भाग करें।

2) 10 (5

10

―――

0

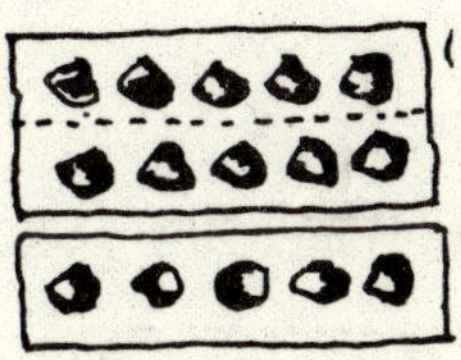

(10 चीजों के दो **भाग**)

(एक भाग में 5 चीजें आई)

शिक्षक बच्चों को बताए कि बीच में लिखी वस्तुएँ हैं और बाई तरफ लिखी संख्या—वस्तुओं का समूह है (दो-दो वस्तुओं के समूह) में वस्तुओं को बाँटना है।

दाई तरफ वह संख्या लिखना है जितने लोगों में वस्तुएँ बंटी हैं।

उपरोक्त चित्र में 10 वस्तुओं को दो बराबर भाग में बांट दिया गया है। प्रत्येक भाग में 5 चीजें हैं।

इस अनुसार 10 – 2 = 5

इसी तरह की अन्य गतिविधियों द्वारा बच्चों से चीजों की सहायता से भाग करायें।

14.4 अंकों से अंकों का भाग

बच्चों को जब चीजों द्वारा भाग करने की प्रक्रिया समझ आने लगे तो उन्हें अंकों से अंकों को भाग देना सिखायें।

उदाहरण–(1) 10/2 = (10 के 2 भाग करें)

(2)15/3 = (15 के 3 भाग करें)

हल :

किसके भाग   कितने भाग   कितने-कितने चीजों के भाग

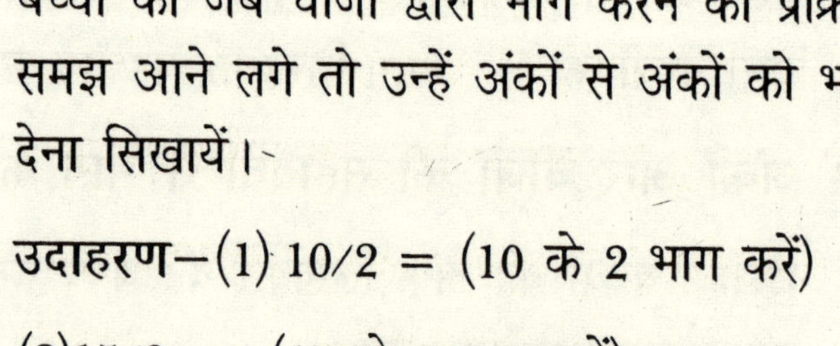

(10 चीजों)   (दो बराबर भाग)   (प्रत्येक में 5 चीजें)

15. शून्य की अवधारणा

सामग्री—कटोरी, दिया, नारियल खोपड़ी, बीज, कंचा, मिट्टी गोली

15.1 गतिविधि

एक दिया/खाली डिब्बे में कुछ कंचे रखें। कुछ संख्या बताकर बच्चों से कहें कि कंचे निकालें जब तक सारे कंचे निकल जायें। हर बच्चे को मौका दें। सारे कंचे निकालने के बाद बच्चे से पूछें अब कितने कंचे बचे। बच्चे कहेंगे कुछ नहीं। इसी तरह की अन्य गतिविधियां बच्चों से करायें।

15.2 शून्य '0' की पहचान

उपरोक्त गतिविधियों में जब कुछ भी नहीं बचता तो बच्चे कहते है 'कुछ नहीं'। इस 'कुछ नहीं' पर बच्चों से बातचीत करें और बातचीत के माध्यम से बच्चों को शून्य व उसके लिखने के तरीके से परिचित करायें। आसपास मौजूद वस्तुओं में देखें जो शून्य (0) जैसा लगे।

15.3 बोर्ड/स्लेट/ज़मीन पर शून्य

सामग्री—चॉक, डेस्टर, बोर्ड, स्लेट, लकड़ी, रंगोली पावडर

गतिविधि—बच्चों से कहें कि बोर्ड पर निश्चित संख्या में चित्र बनाएं। गतिविधि बारी-बारी से सभी बच्चों से करवायें। जब सभी बच्चे चित्र बना चुके हों। तो सभी चित्रों को गिन लें। फिर प्रत्येक बच्चे के चित्र को मिटाते हुए पूछते रहें कि कितने चित्र बचे। अन्तिम में कुछ नहीं बचेगा। इस कुछ नहीं या शून्य पर फिर बातचीत करें और इसी तरह की अन्य गतिविधियाँ करते जायें और बच्चों से करायें।

15.4 गतिविधि (मैदान खेल)

एक गोला बच्चों द्वारा बनाया जाए तथा उस गोले के अन्दर बाकी बचे बच्चों को खड़ा कर दें तथा इनमें से शिक्षक द्वारा निश्चित संख्या में बच्चों को गोले से बाहर आने को कहें। इस प्रकार बारी-बारी से सभी बच्चे गोले से बाहर आ जाएंगे। अब गोले

के अन्दर की खाली जगह ही शून्य कहलाएगी। (ऐसा चर्चा द्वारा बतायें) इसी तरह के अन्य मैदानी खेल ढूंढ़े और बच्चों से करवायें।

5.5 शून्य द्वारा जोड़ना, घटाना, गुणा और भाग करना

बच्चे अब तक जोड़-घटाव, गुणा-भाग की प्रक्रिया भली-भाँति समझ चुके हैं। बच्चों, को शून्य के साथ इनके सम्बन्ध समझायें और शून्य का स्थानीय मान बतायें। विभिन्न उदाहरणों द्वारा बच्चों से गतिविधियां करवायें।

उदाहरण– जोड़ना गुणा

जोड़ना	गुणा
(1) 0 + 6 =	(1) 0 x 5
(2) 0 + 15 =	(2) 0 x 10 =

घटाना	भाग
(1) 0–10 =	(1) 0/17 =
(2) 0–5 =	(2) 0/11 =

इकाई-दहाई की अवधारणा फिर सामने रखते हुये बच्चों को इसमें शून्य मान समझायें। समझाते हुये रुपये के उदाहरण द्वारा स्थानीय मान समझायें।

16. भिन्न

बच्चों में भिन्न की समझ बनाने के लिए नीचे लिखी गतिविधियाँ करवाएः–

गतिविधि– शिक्षक बच्चों को किसी चीज़ (कागज़, लकड़ी, आदि अन्य) के दो, तीन, चार... बराबर टुकड़े करने को कहें। जब बच्चे चीज़ों के समान टुकड़े कर लें तब शिक्षक बच्चों से चर्चा करें और बताएं कि पहले एक वस्तु थी जिसके दो, तीन, चार भाग किये हर हिस्सा चीज़ का आधा, तिहाई, चौथाई भाग है।

गतिविधि– इसी प्रकार शिक्षक बच्चों को कुछ वस्तुएँ देकर दो, तीन, चार बच्चों में बराबर बांटने को कहे। अब शिक्षक बच्चों से पूछे कि–पूरी चीज़ का कितना-कितना हिस्सा सबको मिला।

गतिविधि–शिक्षक कुछ वस्तुएँ किसी बच्चे को दे। बच्चे से उस वस्तु के 2-3-4 समान हिस्से करने को दें। अब आधा, तिहाई, चौथाई हिस्सा किसी दूसरे बच्चे को देने को कहे। फिर शिक्षक बच्चे से पूछे कि उसके पास कितना हिस्सा बचा है।

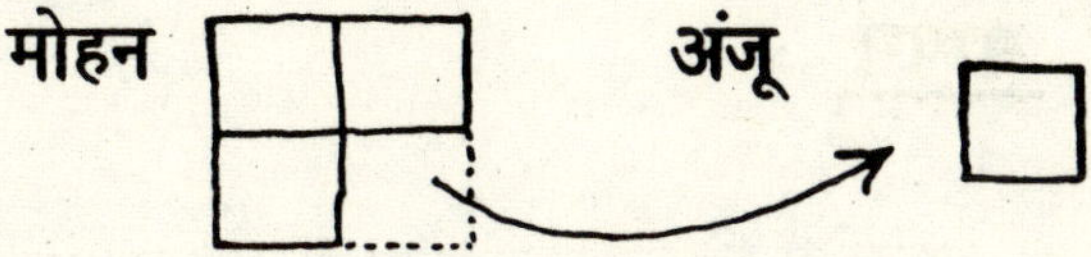

भिन्न लिखना–

जब बच्चों को भिन्न की अवधारणा स्पष्ट हो जाए तब उनको भिन्न लिखना बताए।

गतिविधि–बच्चों को कुछ चीज़े देकर उनके आधा, तिहाई, चौथाई हिस्से करने को कहें। फिर चर्चा द्वारा उनको बताएं कि किसी चीज़ के दो, तीन या चार हिस्से किये इसलिये पहले 4 लिखते हैं। अब उन चार में से हर हिस्सा उस वस्तु का एक भाग है इसलिए उसको 4 के ऊपर लिखते हैं 1/4

इसी प्रकार बच्चों से चर्चा द्वारा बताएं कि एक हिस्सा मतलब 1/4 (चौथाई हिस्सा) हरीको देने के बाद उसके पास चार (4) में से तीन हिस्से बचे इसलिए इसको 3/4 लिखते हैं।

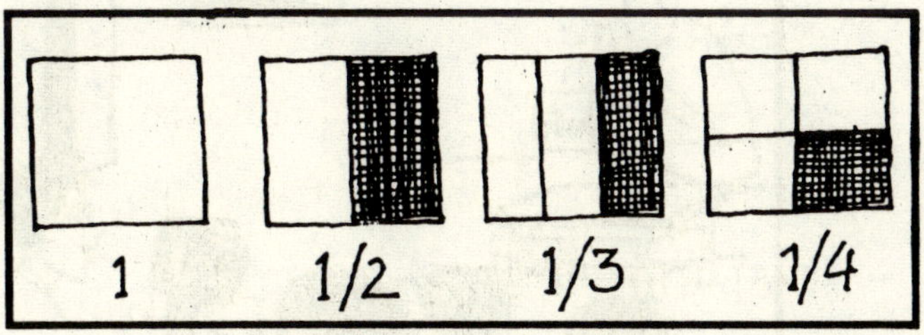

17. मापन

अंदाज से मापन–

गतिविधि –शिक्षक कुछ लकड़ी, धागा आदि बच्चों के सामने रखें। फिर शिक्षक बच्चों से छोटी से बड़ी से बड़ी से छोटी के क्रम में लकड़ी जमाने को कहें।

गतिविधि –शिक्षक बच्चों से शाला के आस-पास की चीज़ों में लंबाई, चौड़ाई के आधार पर चर्चा कर पता लगाने को कहे कि कौन सी चीज़ लम्बी है कौन सी छोटी।

चर्चा के बिन्दु–

– दरवाजा लंबा है या वो नीम का पेड़।

– क्या वो आम का पेड़ इस कमरे में पूरा का पूरा रख सकते हैं? यदि नहीं तो क्यों?

मानक मापन

गतिविधि – शिक्षक बच्चों से कमरे, टाटफट्टी, किताब, बोर्ड आदि की लंबाई, चौड़ाई बित्त/हाथ/एवं कदमों से चलकर नापने को कहें।

गतिविधि – शिक्षक बच्चों से चर्चा कर रस्सी या किसी लकड़ी को मानक मानकर उससे कमरे/ टाटफट्टी/किताब आदि चीजों की लंबाई, चौड़ाई नापने को कहें।

तौलना

अंदाज से तौलना–

शिक्षक बच्चों को कुछ वस्तुएँ दें। फिर बच्चों से अंदाज लगानें को कहें कि कौन सी चीज़ हल्की कौन सी भारी है। बच्चे चीज़ों को हाथों से उठाकर अंदाज़ लगाकर बताएं।

गतिविधि –शिक्षक कुछ वस्तुएँ बच्चों को दें। बच्चे उन वस्तुओं के वजन का अंदाज़ लगाकर कम से ज्यादा भारी एवं अधिक से कम भारी वस्तुओं को क्रम से लगाएँ।

मानक बनाकर तौलना

गतिविधि –बच्चे शिक्षक की सहायता से खाली डिब्बों, ढक्कनों से तराजू बनाए। एवं पत्थरों के मानक बनाए। इन पत्थरों को बाँट की तरह उपयोग कर वस्तुएँ तौले।

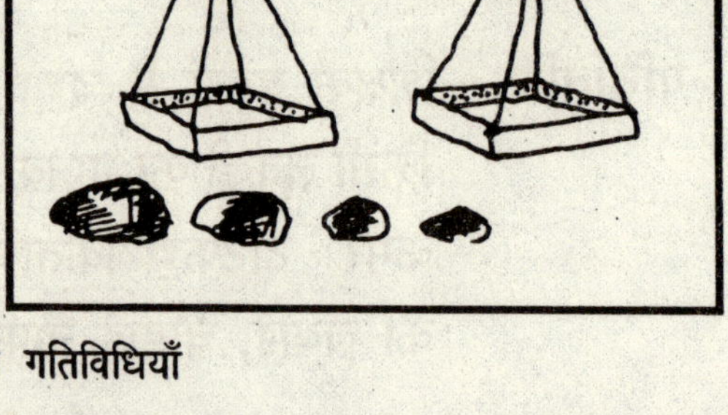

18. पानी नापना

अंदाज़ से नापना—

गतिविधि—अलग-अलग डिब्बों में पानी भर दें। बच्चे अंदाज से बताएं कि किसमें कम और किसमें ज्यादा पानी है।

गतिविधि—शिक्षक अलग-अलग आकार के डिब्बों में एक समान मात्रा में पानी भर दें। बच्चे देखकर पता लगाएं कि किसमें ज्यादा और किसमें कम पानी है। जब सभी बच्चे बता दें तब शिक्षक सभी डिब्बों के पानी को किसी शीशी में भर भर कर देखें और शीशी में निशान लगा लें कि पहले दूसरे व तीसरे डिब्बे का पानी शीशी में कहाँ तक भरता है।

मानक मापन–

शिक्षक किसी शीशी को मानक (लिटर) मानें। उससे बच्चों को पानी नापने को कहे।

गतिविधि–शिक्षक बच्चों को शीशी से पानी डालकर डिब्बे को पूरा भरें और बताएं कि डिब्बे में कितनी शीशी पानी भरा।

गतिविधि–शिक्षक किसी डिब्बे में पानी भरकर बच्चों को दें। बच्चे मानक बनाई गई शीशी में पानी भर-भर कर पता लगाएं कि डिब्बे में कितनी शीशी पानी भरा है।